Gandhi

Adaptation française d'Alexandrine
Texte original de Piero Ventura
Illustrations de Piero Ventura

Première édition française 1991 par Librairie Gründ, Paris

ISBN : 2-7000-4543-2
Dépôt légal : août 1991
Édition originale 1991 par Arnoldo Mondadori Editore SpA
sous le titre original *io Gandhi*

Photocomposition : Bourgogne Compo, Dijon
Imprimé par Artes Graficas Toledo S.A., Tolède (Espagne)
D.L.TO: 1315-1991
Loi n° 49-956 du 16 juillet 1949 sur les publications destinées à la jeunesse

GRANDS DESTINS

Gandhi

Textes et illustrations de Piero Ventura
Adaptation française d'Alexandrine

GRÜND

MOHANDAS KARAMCHAND GANDHI

Entre les deux guerres mondiales, l'Occident, troublé par le succès du fascisme en Italie, la crise économique qui éclata en 1929 aux États-Unis et l'avènement du nazisme en Allemagne en 1933, apprit à connaître, grâce à des articles de presse et des films documentaires, un étrange personnage : un petit homme âgé, à la peau basanée, au crâne rasé, aux oreilles en feuilles de chou, au regard vif derrière des lunettes rondes et cerclées d'acier ; il portait autour de la taille une étoffe de coton nouée et, sur les épaules, une couverture de laine rugueuse ; ses pieds, toujours nus, chaussaient de simples sandales.

Cet homme avait pris la tête de toute la population de l'Inde – près de quatre cents millions de personnes – et, grâce à une technique qui n'avait jamais été utilisée auparavant, celle de la non-violence, était en train d'ébranler dans ses fondements le puissant Empire britannique, et indiquait à tous les opprimés de la terre une voie pour conquérir, sans armes, la liberté d'action et d'esprit.

Pourtant, ce vieil homme sobrement vêtu de blanc n'avait pas toujours été ainsi : jeune, il avait subi l'influence de la civilisation européenne, et c'est seulement après avoir vécu une longue série d'expériences qu'il avait découvert sa vraie vocation et s'y était entièrement consacré. Son histoire, qui s'étend sur 78 années de vie, est l'histoire de la naissance d'un monde entier d'idées nouvelles.

Beaucoup d'Occidentaux ont appris non seulement à connaître Gandhi mais à l'aimer, et maintenant encore, presque quarante-cinq ans après sa mort, n'oublient pas son enseignement.

L'ÉPOUX-ENFANT

J'entends la respiration de mes deux neveux et de mes disciples les plus chers, qui dorment à côté de moi sur les nattes, dans cette maison à demi délabrée de Calcutta qui nous abrite ; et, devant mes yeux, ouverts dans l'obscurité, je vois en image la Porte de l'Inde, l'Arc de triomphe qui salue à Bombay les voyageurs partant ou arrivant par mer.

Dans quelques minutes, en ce 14 août 1947, quand sonnera minuit, ce symbole de la domination anglaise deviendra un vestige du passé, des lumières et des feux d'artifice embraseront le ciel, du Cachemire au Cap Comorin, et des centaines de millions d'Indiens crieront et chanteront, car l'Inde sera indépendante.

Oui, l'Inde sera indépendante, comme je l'ai toujours espéré, mais aussi tragiquement divisée entre ses fils hindous et musulmans : c'est pourquoi je ne suis pas disposé à me joindre aux festivités. J'ai le cœur lourd et le sommeil tarde à venir. J'aimerais me mettre à l'ouvrage maintenant, filer le coton aujourd'hui plutôt que demain. Le rouet m'a toujours aidé à me détendre et à penser ; ce soir j'ai grand besoin de réfléchir et, si possible, de comprendre pourquoi tous mes efforts n'ont pas porté les fruits escomptés. Mais je ne veux pas troubler les autres ; je me contenterai d'imaginer que le rouet tourne régulièrement et que le fil me glisse entre les doigts, comme la vie qui s'écoule.

Et le fil de ma vie, comment s'est-il déroulé ?

J'aurai 78 ans le 2 octobre prochain et, je peux l'affirmer en toute humilité, mon expérience tout entière m'a convaincu qu'il n'est pas d'autre Dieu que la vérité, et que pour réussir à se trouver face à l'esprit de la vérité, il faut aimer la plus modeste des créatures comme nous-même. Celui qui suit cette voie ne peut pas ne pas s'engager dans les différents domaines de la vie : voilà pourquoi mon adoration de la vérité m'a conduit également à la politique. Dans cette activité, j'ai commis certaines erreurs grossières que j'ai moi-même qualifiées d'« himalayennes », mais je ne parviens pas à me souvenir de m'être jamais écarté de l'incessante recherche de la Vérité absolue, de Dieu.

La voie de la vérité me fut enseignée par mes parents. Je suivis leur exemple, même si leurs idées relevaient du monde, à bien des égards limité, de l'hindouisme traditionnel. De ma mère, dévouée au culte de Vishnou, je me rappelle la grande capacité d'affection, l'esprit de sacrifice, et la profonde religiosité ; de mon père, l'attachement à ses gens, la sincérité, le respect de toutes les religions, le courage et la générosité, mais aussi une certaine propension à la colère.

De mon enfance, je me rappelle la plage de Porbandar, la cité blanche du Kathiawar Gujarat où je suis né, puis la maison à trois étages pleine de frères et de sœurs, d'oncles et de cousins, et l'école où, écrivant sur la poussière, j'appris avec peine les multiplications. Quand j'avais sept ans, mon père, qui était Premier ministre du prince du lieu, décida, à la suite de divergences avec la cour, de se transférer, avec la même charge, auprès du seigneur de Rajkot, à deux cents kilomètres vers l'intérieur. Là, je poursuivis mes études.

Je vénérais mes parents ; je ne m'opposai donc en rien lorsqu'ils décidèrent, quand j'avais treize ans, de mon mariage avec une fille de mon âge. La honte me vint plus tard, quand je fus adulte, et je ne cesse de reprocher à mes compatriotes l'usage barbare des mariages précoces qui bouleverse les adolescents pendant les années les plus précaires de la croissance. Mais à l'époque je fus heureux : heureux de mon épouse, Kasturbai, de la cérémonie au cours de laquelle se marièrent aussi mon frère Karsandas et un cousin, et de la vie conjugale qui me fit perdre une année d'école.

À cette période, outre quelques maladresses dont je me repentis aussitôt, je commis une action qui, dans ma communauté, était considérée comme un horrible crime : je mangeai de la viande, et en cachette. Si notre peuple abandonnait le régime végétarien, me convainquit un camarade de classe, il deviendrait plus robuste et les Anglais ne pourraient plus nous dominer. Je mangeai de la viande de chèvre six ou sept fois en un an, puis je décidai de ne plus le faire tant que mes parents vivraient, pour ne pas les tromper ; depuis lors je n'ai plus touché à la viande.

Mon père mourut quand j'avais seize ans, et comme c'était un fonctionnaire honnête, nous nous retrouvâmes presque pauvres. Ayant fini à dix-huit ans l'école secondaire, après quelques hésitations concernant mon avenir, j'acceptai avec enthousiasme le conseil d'un ami de la famille : celui de faire mon droit à Londres et de devenir avocat.

Le 4 septembre 1888, je levai l'ancre à Bombay, laissant pour la première fois l'Inde derrière moi. Mon frère Lakshmidas, l'aîné, veillerait à ma subsistance en Angleterre et à celle de ma petite famille (j'avais un enfant de quelques mois) à Rajkot.

Gandhi avait quitté l'Inde pour la première fois en 1888, en direction de l'Angleterre comme étudiant, et pour la seconde fois en 1893 en direction de l'Afrique du Sud, comme avocat obscur à l'avenir incertain. Quand il rentra définitivement dans sa patrie, en 1915, il connut, par une ironie du sort, son premier succès à la Porte des Indes, l'Arc de triomphe inspiré de l'architecture mongole, que les Anglais avaient érigé en 1911 sur le promontoire qui domine la baie de Bombay, à l'occasion de la visite de George V, roi d'Angleterre et empereur des Indes, et de la reine Mary.

GENTILHOMME ANGLAIS, AVOCAT INDIEN

Gandhi obtint de sa mère la permission de se rendre en Angleterre après lui avoir solennellement promis de se conformer au mode de vie hindou. Mais le contact de la société anglaise, embarrassante dès le moment du débarquement, lui valut plus d'une crise. Par exemple, c'est seulement à une vieille dame qui s'était montrée très amicale qu'il réussit, pour la première fois, à avouer qu'il était déjà marié et même père de famille.

Comme je devais sembler ridicule dans cet accoutrement ! J'avais revêtu pendant toute la traversée un costume noir et conservé avec soin celui qui était en flanelle blanche pour le moment du débarquement à Southampton pour m'apercevoir, à mon grand embarras, que personne en Angleterre ne portait de costume blanc fin septembre ! Ce n'était là que la première parmi tant de choses que je devais apprendre dans ce monde nouveau si différent du mien.

Des Indiens que je fréquentais, qui avaient plus d'aisance et connaissaient mieux la vie anglaise, m'aidèrent à chercher un logement. Au début, je souffris de la faim car, outre le pain et le *porridge*, c'est-à-dire la bouillie de flocons d'avoine, la maîtresse de maison ne préparait, en guise de plats sans viande, que d'insipides légumes à l'eau. Sur le bateau déjà j'avais pu être confronté à ce problème : ne possédant pas assez bien l'anglais, je ne parvenais pas à me faire expliquer ce que contenaient les aliments servis à table, et puis je ne savais pas manier le couteau et la fourchette... Heureusement, j'avais emporté avec moi une provision de friandises indiennes qui m'aidèrent à tenir pendant le voyage et pendant les premiers temps de mon séjour à Londres. Je me souviens encore de la joie qui s'empara de moi le jour où, me promenant dans les rues de la ville, je trouvai par hasard un restaurant végétarien où je pus enfin assouvir l'appétit de mes dix-neuf ans.

Mes problèmes alimentaires réglés, je traversai une crise de vanité. Décidant que les vêtements achetés à Bombay étaient inadaptés, j'en achetai d'autres, dont une élégante tenue de soirée ; j'appris à nouer les cravates à la perfection et à dompter à coups de brosse mes cheveux drus et rebelles, mon généreux frère m'envoya une chaîne d'or pour ma montre à gousset ; je commençai à prendre des leçons de français, de diction, de danse et de violon. Cette crise dura quelques mois, après quoi je me résolus à devenir un étudiant appliqué et parcimonieux. Je louai une chambre modeste, j'appris à faire la cuisine et pris l'habitude de me déplacer à pied, afin d'économiser des tickets d'autobus, une habitude que j'ai toujours conservée et qui s'est révélée précieuse.

Les études de droit n'étaient guère difficiles et c'est ainsi qu'après avoir amélioré ma connaissance de la langue anglaise, je décidai, pour enrichir ma culture générale, de me préparer à l'examen d'entrée de l'université de Londres. Je me mis alors à étudier le latin. Peu à peu, je sortis de ma timidité qui me faisait sentir comme un poisson hors de l'eau. À la suite de certaines lectures qui m'ouvrirent les yeux et de rencontres avec des personnes de valeur, je devins un adepte convaincu et actif du régime végétarien : je n'aurais plus évité la viande par seul respect pour ma mère ! C'est aussi à cette époque que remonte ma première expérience du journalisme, où j'écrivis des articles pour la revue anglaise *Vegetarian*.

Je m'initiai également à la religion, à l'hindouisme avant tout, que les missionnaires chrétiens en Inde avaient affadi en le qualifiant de pure superstition. C'est alors que je découvris, en le lisant, pour la première fois, la beauté du poème sacré hindou, le *Bhagavad-Gita*. Je cherchai en même temps à approfondir le christianisme. L'Ancien Testament m'ennuyait, mais le Nouveau Testament me fascina : le Sermon sur la montagne, en particulier, m'alla droit au cœur. Je fréquentai un cercle d'étudiants indiens musulmans, ce qui me poussa à étudier l'islam. Mon intérêt pour la religion était alors une curiosité intellectuelle, la véritable foi est une condition de l'esprit, et j'y parvins beaucoup plus tard.

Certains Européens me demandent pourquoi, connaissant si bien les religions, je suis resté hindou. Je réponds toujours : parce que je n'ai trouvé ni dans le christianisme ni dans l'islam aucune raison pour les estimer parfaits et supérieurs à l'hindouisme, de même je ne considère pas l'hindouisme comme parfait et supérieur. La majorité des Européens tient l'hindouisme pour une religion « primitive » et les Occidentaux ne savent pas que pour les hindous aussi le Dieu créateur est unique, et que les nombreuses divinités qu'ils vénèrent ne sont que les infinies manifestations d'amour du créateur envers tous les êtres vivants. Quoi qu'il en soit, tous les jours ma prière s'élève vers Ram, vers Dieu, à travers les versets du *Bhagavad-Gita*, du Coran, et les paroles du Nouveau Testament, et j'espère mourir avec le nom de Ram sur les lèvres.

Cette réflexion sur les religions a interrompu l'histoire de ma vie. Je dois revenir à ces années de jeunesse. Une fois reçu à mes examens, mon nom entra, le 10 juin 1891, dans l'ordre des avocats, et le lendemain je fus admis à la Haute Cour de Londres. Le 12 je m'embarquai pour rentrer dans ma patrie.

À Bombay, j'appris la mort de ma mère. On ne me l'avait pas signifiée pour ne pas me troubler, et ce fut une grande douleur. Mais il était temps que j'affronte la réalité et mes responsabilités. Après une tentative malheureuse d'exercer dans la difficile ambiance judiciaire de Bombay, le travail de conseil et d'employé aux écritures que j'accomplissais pour mon frère, avocat à Rajkot, se termina mal : je fus confronté à l'arrogance d'un fonctionnaire britannique et refusai d'avaler cet affront. Je compris alors que je ne pourrais pas travailler en paix dans cette ville. C'est donc avec joie que j'acceptai l'offre d'une firme indienne de Porbandan : elle me proposait de m'occuper d'une affaire civile en Afrique du Sud.

En avril 1893 j'embrassai ma femme et mes deux enfants et je partis, promettant de revenir un an plus tard.

À Londres, Gandhi sortit de son isolement en adhérant à la Société Végétarienne (organisation qui cherchait à répandre les vertus du régime végétarien) et en se rendant à ses réunions. Mais durant tout son séjour en Angleterre, il ne réussit pas à prononcer un seul discours en public. Comme il l'avoue lui-même dans son autobiographie, la présence de plus de cinq personnes, même quand il se rendait en visite, le rendait muet.

SAR
992

EN AFRIQUE DU SUD

Débarqué dans le port de Durban, dans l'état du Natal, en redingote et turban, j'appris en peu de temps la dure vie des Indiens en Afrique du Sud. Pendant mon trajet vers Pretoria, dans l'état du Transvaal, je fus littéralement jeté hors du train dans une gare intermédiaire parce que je me refusais à céder ma place de première classe pour aller en troisième, parmi les gens de couleur. Dans cette salle d'attente lugubre, attendant le prochain train, je ravalai ma souffrance et décidai qu'à l'avenir, malgré ma timidité et mon caractère renfermé, je n'accepterais plus aucune injustice envers moi et mes compatriotes.

Les Indiens avaient commencé à émigrer en Afrique du Sud en 1860, pour remplacer dans les plantations des Européens les travailleurs noirs libérés à la suite de l'abolition de l'esclavage. Ils bénéficiaient de contrats qui les liaient pour cinq ans, après quoi les autorités cherchaient par tous les moyens à les décourager de mener une vie décente là-bas. Les marchands indiens avaient suivi les ouvriers agricoles, et avaient vite prospéré, déclenchant la jalousie de leurs collègues blancs.

Après un an passé à Pretoria pour suivre la cause, qui se termina par un compromis honorable entre les deux parties, je connaissais très bien les conditions de vie humiliantes dans lesquelles vivaient les Indiens, pauvres ou riches. Une autre menace se profilait alors : une proposition de loi destinée à leur supprimer le droit de vote. Je décidai de rester : je servirais d'avocat aux Indiens de Durban, ne me faisant rétribuer que par les plus aisés d'entre eux, et je les organiserais politiquement. En 1894, je fondai le Congrès Indien du Natal.

SATYAGRAHA

À la mi-1896, je rentrai en Inde pour reprendre ma famille. Quelques mois passés à voyager dans mon pays me permirent de publier un opuscule sur la vie des Indiens en Afrique du Sud, de lier connaissance avec d'éminentes personnalités politiques indiennes, et même de planter un arbre au cours des festivités du soixantième anniversaire du règne de la reine Victoria : j'étais encore un loyal sujet britannique !

Je repartis en décembre avec les miens pour Durban ; nous affrontâmes une grande tempête durant la traversée, mais l'orage véritable se déclencha à l'arrivée au port. Les Européens ne voulaient pas débarquer les passagers indiens et m'accusaient, sur la base d'un très court résumé déformé de l'opuscule publié en Inde et rapporté par les journaux locaux, d'avoir dit du mal de leur pays et d'être rentré à la tête de centaines de mes compatriotes pour « envahir » le Natal.

Vingt-trois jours plus tard, j'obtins le permis de débarquer. Je refusai de me travestir, comme on me le conseillait. Je pris seulement la précaution de descendre seul, après avoir confié les miens à des mains sûres.

Je fus reconnu. Une foule de jeunes m'entoura rapidement : ils arrachèrent mon turban et se mirent à me lancer des pierres et des œufs pourris, puis à me donner des coups de pied. Je m'évanouis en essayant de m'agripper à la grille d'une maison et seule me sauva l'arrivée de la femme du superintendant de police, qui mit son ombrelle entre ces fanatiques et moi. Les autorités auraient voulu juger les agresseurs, mais je dis que j'avais pour principe de ne pas demander justice au tribunal pour les torts subis, et cela rétablit le calme parmi les Européens.

En 1899, je décidai d'aider les Anglais dans la guerre contre les Boers (les colons d'origine hollandaise) pour la domination de l'Afrique du Sud. Si nous voulions les mêmes droits que les Anglais, nous devions assumer les mêmes devoirs. J'organisai un service de brancardiers qui se trouva souvent sous le feu des combats, ce qui nous valut l'estime des soldats anglais et des autorités. En 1901, comme la guerre était sur le point d'être conclue en faveur des Anglais et que le climat politique semblait plus favorable aux Indiens, je décidai de rentrer en Inde avec ma famille (deux autres enfants étaient nés entre-temps), en promettant de revenir si l'on avait besoin de moi.

J'avais à peine réussi à me constituer une bonne clientèle à Bombay où je m'occupais aussi des problèmes du Congrès national indien (le mouvement nationaliste fondé en 1885) que je reçus un télégramme d'Afrique du Sud. La communauté indienne me demandait de rencontrer le ministre anglais des colonies, Chamberlain, en visite là-bas, et de lui exposer la situation des Indiens, qui ne s'était pas améliorée. J'étais de nouveau à Durban en décembre 1902, mais on m'empêcha de parler à Chamberlain. Je décidai, en conséquence, de rester en Afrique du Sud jusqu'à ce que les nuages menaçant la communauté indienne se dissipent. J'y passai douze ans, peut-être les plus intenses de ma vie.

Beaucoup d'images défilent devant mes yeux : la vie avec la famille et les amis de toutes nationalités dans la maison de Johannesbourg, la colonie agricole Phoenix, fondée en 1904 près de Durban pour imprimer notre journal et expérimenter une vie commune fondée sur le travail manuel ; la région peuplée par les Zoulous où je soignais les blessés, victimes innocentes de cette cruelle chasse à l'homme que les Anglais appelèrent la « révolte » des Zoulous ; et puis le théâtre de Johannesbourg, bondé en ce 11 septembre 1906, quand nous nous réunîmes pour décider comment nous opposer à la loi sur l'enregistrement, qui contraignait les Indiens à un contrôle continu de la police ; et encore la prison de

Parmi les 60 000 Indiens environ qui résidaient dans le Natal, Gandhi réussit à recruter presque 1 100 volontaires qui servirent de brancardiers pendant la guerre des Boers. Le conflit, qui dura de 1899 à 1902 et se termina par une victoire anglaise, opposa les deux colonies britanniques d'Afrique du Sud (province du Cap et Natal) aux deux territoires boers frontaliers (Orange et Transvaal entièrement assujettis à Londres). Ces quatre territoires devaient former officiellement en 1910 l'Union sud-africaine (République sud-africaine depuis 1961).

Johannesbourg pleine à craquer lorsque j'y fus incarcéré en janvier 1908 pour avoir organisé la résistance non violente ; enfin la ferme Tolstoï, fondée en 1910 à proximité de Johannesbourg pour abriter la famille de ceux qui combattaient l'oppresseur anglais.

Parallèlement à mon engagement civique, ma recherche de perfectionnement moral se développait. Au cours de ces années, je décidai de renoncer à tous les biens matériels et m'efforçai d'accéder à la maîtrise totale de moi-même sur les plaisirs. Je trouvai en moi la voie du renoncement et de l'auto-purification ainsi que dans certaines grandes œuvres comme celles de l'écrivain et prophète russe Tolstoï, avec lequel j'entretins une précieuse correspondance, hélas vite interrompue par sa mort.

L'auto-purification fut l'étape nécessaire pour mettre au point la méthode de lutte contre les injustices que j'ai toujours employée et que j'appelai le *satyagraha*. Ce nouveau terme, créé en langue gujarati signifie « force, fermeté de l'âme » et possède une signification plus profonde que les expressions « résistance passive » et « désobéissance civile », traduites de l'anglais, et que j'utilisais auparavant. Il indique la grande force qui s'empare de celui qui s'oppose aux torts en usant seulement de l'*ahimsa* (la non-violence) et qui est disposé à souffrir des conséquences de sa désobéissance.

Pour être plus clair : le *satyagraha* vise à défendre ses droits par le moyen de la souffrance personnelle ; c'est le contraire de la résistance violente, armée. Si, par exemple je contrains le gouvernement, en utilisant la violence, à abroger une loi injuste, je fais usage de la force physique, la force du corps ; si, en revanche, je n'obéis pas à la loi et que j'accepte la peine fixée par le gouvernement pour cette infraction, j'use de la force de l'âme, et cela comporte un sacrifice personnel.

LA GRÈVE DES MINEURS

Ils furent 2 037 hommes, 127 femmes et 57 enfants à affronter à jeun, en novembre 1913, une longue marche en quête de dignité. Une sentence invalidant tous les mariages non chrétiens avait été émise : pour les Indiens hindous, musulmans et parsis (d'origine persane et disciples de Zoroastre), cela signifiait que leurs mariages étaient illégaux et leurs enfants illégitimes. Les femmes s'unirent à la lutte *satyagraha*. Certaines incitèrent les mineurs indiens de Newcastle à la grève ; les patrons les chassèrent des baraquements où ils habitaient. Ils se trouvaient soudain privés de tout. Je cherchai à les diriger vers le Transvaal, où j'aurais pu les héberger dans la ferme Tolstoï. Je fus arrêté et condamné à neuf mois de prison ; je subis les menottes et les chaînes aux chevilles, et les mineurs furent ramenés aux mines, contraints à travailler à coups de fouet, comme détenus. Mais la mesure était comble. D'Inde, le vice-roi lui-même demandait une enquête sur les violences en Afrique du Sud. Je fus libéré et parvins à conclure un accord avec les autorités sud-africaines. Il me semblait avoir obtenu ce qui était possible et décidai de rentrer définitivement en Inde.

« Assez d'empreintes digitales », « Mineurs indiens unis », « Nous sommes des citoyens de l'empire », disent les banderoles portées par les mineurs indiens du Natal en grève. Les empreintes digitales étaient obligatoires sur les documents d'enregistrement des Indiens, enfants compris, bien qu'ils fussent citoyens de droit de l'Empire britannique tout autant que les Blancs sud-africains.

LA GRANDE MÈRE INDE

À part quelques brefs séjours, j'étais absent de ma patrie depuis 25 ans, et je l'avais quittée très jeune. Déjà pendant la traversée vers Bombay, je faisais des plans de voyage en Inde : par une ironie du sort, les nouvelles lignes ferroviaires construites par les Anglais allaient m'être très utiles.

Quelle foule, et quel enthousiasme quand je passai sous la Porte de l'Inde, le 9 janvier 1915 ! Les hommes politiques indiens avec lesquels j'étais toujours resté en contact, surtout Gokhale et Tilak, avaient fait connaître ma lutte non violente, et je fus accueilli en conséquence comme « héros de la cause de l'indépendance indienne », tandis que ma femme portait le titre d'« héroïne de l'Afrique du Sud ». Ces éloges m'embarrassaient profondément. Je savais que l'expérience sud-africaine avait fait de moi un homme différent du jeune ingénu parti en 1893, et que je serais capable de la mettre à profit dans ma patrie aussi. L'*Hind Swaraj*, l'autonomie indienne, habitait mes pensées depuis longtemps déjà, et, en 1908, pendant un voyage qui me ramenait d'un bref séjour à Londres, j'avais écrit un livre sur le sujet. Mais je savais aussi qu'il me fallait du temps avant de reprendre une activité politique : je devais avant tout bien connaître mon immense pays.

En 1915, l'Inde comptait environ 350 millions d'habitants. Ceux-ci parlaient des dizaines de langues et de dialectes divers (et souvent, pour se comprendre, ils ne disposaient que de l'anglais car on décourageait l'étude des langues indiennes). Ils professaient des religions diverses : les hindous en formaient les deux tiers, les musulmans un quart, les chrétiens et les sikhs quelques millions, sans parler des nombreuses petites minorités, parmi lesquelles les parsi. Ils se répartissaient inégalement entre des zones directement gouvernées par la couronne par l'intermédiaire d'un vice-roi et entre des états et des mini-états bénéficiant plus ou moins de la protection anglaise mais gouvernés par des *maharajah* et des *rajah* (princes hindous) et des *nawab* et *nizam* (princes musulmans) souvent despotiques et arrogants.

Qu'était la vie de ces gens, surtout les plus pauvres, soit la grande majorité ? Qu'espéraient-ils pour l'avenir ? Il y avait d'autre part un aspect plus politique : le Congrès n'était pas le seul parti qui avait à cœur le destin de l'Inde. Il existait d'autres organisations nationalistes d'origine et de composition variées, certaines reposant sur le credo religieux, comme la Ligue musulmane, d'autres penchant vers la lutte violente et le terrorisme contre les Anglais, et je devrais en tenir compte.

L'ASHRAM DE SABARMATI

Avant de faire face à l'Inde, je devais installer mes compagnons des luttes sud-africaines. Ils furent pendant un moment les hôtes de l'université cosmopolite fondée par le poète bengali Rabindranath Tagore, prix Nobel de littérature 1923. Puis, grâce à l'aide des industriels du textile d'Ahmedabad, je décidai de former une communauté, un *ashram*, à proximité de cette ville de ma région natale.

Avec le temps, sur les rives du fleuve Sabarmati, surgit une petite colonie comme celle déjà expérimentée en Afrique du Sud, dotée d'une maison, d'un réfectoire, d'une école, d'une bibliothèque, de hangars pour la filature et le tissage, de cabanes pour les outils agricoles, et, autour, de vastes champs cultivés de légumes et de coton. Là, je cherchai à former les jeunes, hommes et femmes, à la méthode *satyagraha*. Je lançai la campagne en faveur du *khadi*, le tissu indien produit artisanalement avec les rouets et les métiers à tisser traditionnels. Les Anglais emportaient le coton hors de l'Inde et nous obligeaient à le racheter sous forme d'étoffes produites par les industries britanniques. Nous aurions été bien plus libres avec un rouet et un métier à tisser

dans chaque maison indienne plutôt qu'avec de grandes industries implantées dans quelques villes seulement.

Et c'est à l'*ashram* de Sabarmati que je commençai à élaborer mes idées sur l'économie du village. Car les villages forment l'ossature de l'Inde ; une ossature affaiblie et appauvrie par la domination britannique, qui en a détruit l'économie fondée sur l'agriculture et l'artisanat. Je décidai en 1935 seulement de me consacrer à un programme constructif pour le bien-être des villages. Pour cela, j'en choisis un, très pauvre, de six cents habitants, Sevagram. J'y allai habiter seul, dans une cabane, rejoint plus tard par un groupe dense de disciples. Du reste, il y avait fort à faire : il fallait rendre le village autonome, améliorer ses méthodes de culture et d'élevage, tenant compte de l'inutilité de machines plus complexes, il était nécessaire de faire respecter les règles d'hygiène fondamentales pour prévenir malaria et dysenterie, il fallait enseigner les principes d'une alimentation saine et introduire partout le filoir et le métier à tisser ; et puis il fallait développer l'instruction...

Les événements des dix dernières années m'ont conduit loin de Sevagram. L'expérience se poursuit par l'intermédiaire de mes collaborateurs, et je cherche par tous les moyens à en étendre les résultats dans les cinq cent mille villages indiens.

Quelques années après sa fondation, l'ashram de Sabarmati hébergeait en permanence une centaine de personnes au moins ; beaucoup d'autres y résidaient de temps en temps et pendant des périodes plus ou moins longues. C'était une communauté vivante qui, sous la conduite de Gandhi, se consacrait au travail manuel, à l'étude et à la confrontation des idées. Gandhi disait : « Ma maison est une maison de fous et je suis le plus fou de tous. Mais celui qui ne réussit pas à voir le bien parmi ces fous devrait aller chez l'oculiste. »

Environ vingt ans après la fondation de l' ashram *de Sabarmati, Gandhi alla vivre seul dans une cabane au village de Segaon (rebaptisé ensuite Sevagram), près de Wardha, dans le centre de l'Inde ; il voulait en faire le noyau d'un nouvel* ashram*, pour appliquer « par le bas »* son programme de svadeshi*, c'est-à-dire d'autosuffisance. Gandhi avait acquis une excellente connaissance des paysans indiens – et, en général, des classes les plus humbles – en voyageant infatigablement, et il avait la conviction que le pays devait devenir une société qui se suffirait à elle-même, et serait capable de vivre simplement des produits de la terre et du travail des artisans. Selon Gandhi, l'Inde devait refuser le modèle de développement occidental fondé sur l'industrie, parce que celui-ci aurait entraîné des maux encore plus graves : la croissance excessive des villes, la domination de l'homme par la machine, la production de biens superflus.*

LES ANNÉES DE PRÉPARATION

Le souvenir de Sevagram m'a fait faire un bond en avant de vingt ans dans ce voyage le long de ma vie ; mais au fond, mon cœur est toujours dans les villages et les campagnes de l'Inde.

Une fois lancée en 1915 la construction de l'*ashram* de Sabarmati, je commençai à parcourir le pays en train : voyageant en troisième classe, j'appris beaucoup ! Je recevais de partout des invitations pour des rencontres et des conférences, et je cherchai à contenter tout le monde.

La première demande d'aide me parvint fin 1916 d'un coin perdu du Bihar. Les cultivateurs d'indigo, utilisé pour la teinture, se ressentaient de la crise provoquée par la production allemande d'indigo synthétique. Les propriétaires européens des terrains, qui exploitaient déjà les paysans en leur imposant de lourds contrats, avaient décidé d'obtenir une compensation financière en augmentant considérablement le bail des terrains. Malgré l'hostilité patente de propriétaires et de fonctionnaires, je travaillai pendant des mois et réussis, avec mes collaborateurs, à porter par écrit les déclarations de milliers de paysans. Enfin, une commission d'enquête nommée par le vice-gouverneur, reconnut le bien-fondé de la protestation.

Dans cette région, je connus l'extrême misère des paysans. Je cherchai, avec l'aide de mon épouse et d'autres femmes de notre communauté, à créer des écoles et des infirmeries, et à enseigner par l'exemple à ces malheureux, dont beaucoup se trouvaient dans un état d'apathie et d'indifférence préoccupants, les règles de base de l'hygiène, comme je l'avais fait de nombreuses années auparavant à Sevagram.

Les femmes, que je considère comme la meilleure part de l'humanité, ont joué un rôle fondamental dans ma vie privée et publique. De ma mère, j'ai appris le respect de la souffrance, de ma femme j'ai reçu les premières leçons de non-violence, de toutes les femmes qui ont partagé mes luttes au premier rang j'ai appris le courage du sacrifice. Je crois fermement que le salut de l'Inde dépend de l'émancipation de ses femmes.

Pour en revenir aux événements qui jalonnèrent ces années lointaines, l'agitation des ouvriers du textile m'appela à Ahmedabad. Leurs revendications étaient évidentes, c'est pourquoi je les incitai à faire la grève, sans jamais recourir à la violence, à des actes contre des briseurs de grève et à la mendicité, et surtout je leur recommandai de ne pas céder, par exemple en essayant de gagner leur pain en cherchant un autre travail si la grève durait longtemps. Deux semaines après, cependant, je perçus les premiers signes de fléchissement, d'impatience et de rage. Je craignais l'explosion de la violence, et, pendant un moment, je ne sus quoi faire. Puis une idée me traversa l'esprit et je leur dis : « Si vous ne restez pas unis et vous ne poursuivez pas la grève jusqu'à un accord avec les patrons, je ne toucherai plus à aucun aliment. » Après quelques jours de jeûne, l'accord survint, et fut fêté par les propriétaires (dont beaucoup finançaient l'ashram de Sabarmati) avec une grande distribution de friandises aux ouvriers.

Tout de suite après, il y eut un *satyagraha* pour l'abolition des taxes dans certains villages frappés par la sécheresse, puis, dans les premiers mois de 1918, la campagne, à pied, de village en village dans le Gujarat, pour recruter des volontaires indiens à envoyer en

Europe, où la guerre faisait rage depuis quatre ans et semblait mal tourner pour les alliés.

On m'a beaucoup critiqué pour cette prise de position, mais je ne m'en suis jamais repenti. J'estimais alors, comme du reste pendant la guerre des Boers et la « révolte » des Zoulous, que c'était seulement en soutenant les Anglais que nous pourrions prétendre être pleinement maîtres dans notre pays. Je me souviens aussi que je faisais encore confiance à une fructueuse collaboration avec les Anglais, qui devait s'engager sur des bases tout à fait nouvelles après l'autonomie. Mon espoir venait aussi de ce qu'on a appelé la « déclaration Montagu » en avril 1917, par laquelle il semblait que le gouvernement anglais voulût entreprendre en Inde une politique d'autonomie progressive. C'était une illusion, et je m'en rendis compte peu après.

De toute façon, la guerre se termina avant que ces troupes fussent nécessaires. Entre-temps je tombai gravement malade à cause de la fatigue, et je frôlai la mort. Mais je ne pouvais pas céder : l'Inde était menacée par les projets de loi Rowlatt, officiellement conçus pour combattre la violence politique contre les Anglais. Personne peut-être, pas même chez les Anglais, n'avait plus que moi critiqué la violence, mais je me sentis offensé. Ces lois étaient en réalité un prétexte pour ensevelir l'Inde sous le poids de nouvelles répressions et de restrictions plus sévères de la liberté individuelle : elles prévoyaient en fait des procès sans appel devant des tribunaux spéciaux, la possibilité de retenir en prison sans jugement les personnes « qui avaient pu commettre des délits », l'arrestation immédiate sur base de vagues soupçons, la réclusion allant jusqu'à deux ans de prison pour simple possession d'un document hostile au gouvernement.

Malgré les protestations de tous les hommes politiques indiens, le premier projet de loi fut approuvé par le gouvernement anglais en mars 1919. Encore une fois, nous avions demandé du pain et reçu des pierres. Déjà en février j'avais écrit et distribué à mes disciples cette promesse de résistance aux projets de loi Rowlatt : « Dans l'éventualité de l'approbation de ces projets de loi, et jusqu'à leur retrait, nous refuserons poliment d'obéir à de telles lois et à toutes les lois qu'un comité désigné indiquera ; nous affirmons en outre que dans cette lutte nous agirons en restant fidèles à la vérité et nous nous abstiendrons de commettre des violences contre la vie, les personnes et les biens. » Le moment était arrivé d'organiser une action *satyagraha* sur une vaste échelle.

Je voyageai dans tout le pays pour informer les masses et décidai que le 16 avril serait dans toute l'Inde une journée de *hartal*, c'est-à-dire de jeûne et de prière, avec suspension totale de toute activité laborieuse. Il me semblait qu'il n'y avait pas de meilleure façon pour commencer un *satyagraha*, mais l'*hartal* ne fut pas partout pacifique comme je l'avais recommandé et, quelques jours après, des désordres assez graves éclatèrent dans le Punjab. Cette région, habitée par les orgueilleux Sikhs, avait fourni presqu'un demi-million de soldats durant la Première Guerre mondiale et se sentait particulièrement trompée par l'attitude répressive des Anglais.

Le 10 avril à Amritsar, la ville sainte des Sikhs, quelques Européens furent attaqués à la suite de l'arrestation de deux chefs locaux, et des assauts eurent lieu contre des édifices publics. Je cherchai en hâte à rejoindre le Punjab pour y ramener la paix, mais la police m'en empêcha.

LE MASSACRE ET LE RÉVEIL

Ainsi moururent, le 13 avril 1919 à Amritsar, quatre cents personnes innocentes – hommes, femmes et enfants – et mille deux cents autres furent blessées. C'était un jour de fête et, comme pour oublier les désordres des jours précédents, une foule de sikhs, d'hindous et de musulmans avait entièrement rempli l'esplanade de Jallianwala Bagh pour participer à un meeting. Le général Reginald E. Dyer, commandant de la garnison d'Amritsar, décida de « donner une leçon » et, sans lancer d'avertissement, bloqua avec ses soldats le seul grand accès à cette esplanade, déclenchant sur les hommes une fusillade ininterrompue pendant dix minutes. Au cours des jours suivants, la leçon se poursuivit par un ordre qui, à mes yeux, mortifiait encore plus les hommes dans leur dignité : tous les Indiens, y compris les plus vieux et les plus mal en

point, qui passaient dans la rue où une missionnaire anglaise avait été attaquée par des voyous, devaient ramper sur le ventre, comme des vers, sous le contrôle de soldats qui avaient la baïonnette au canon.

Je pensai que les autorités anglaises sanctionneraient ces actes, mais ce ne fut pas le cas. Tout se termina par la démission du général Dyer (et un journal anglais recueillit même en sa faveur parmi ses lecteurs 30 000 livres sterling !). J'en fus ébranlé : jusque-là la démocratie anglaise avait joui d'une très grande considération à mes yeux et j'avais été sûr qu'elle serait capable de changer sa politique coloniale aveugle en Inde. Au lieu de cela, au « tort du Punjab » s'ajouta aussi la « trahison du califat » envers les Indiens musulmans. Par l'intermédiaire de la Ligue musulmane, ceux-ci demandaient depuis longtemps au gouvernement britannique de garantir la survie de l'Empire ottoman, dont le sultan était en même temps le calife, c'est-à-dire le chef reconnu de tous les musulmans du monde. Mais l'Empire ottoman, qui pendant la Première Guerre mondiale s'était allié à l'Allemagne, était désormais démembré et le califat supprimé.

Les Indiens musulmans, se sentant trahis, se rapprochèrent des positions du Parti du Congrès et je fus appelé à participer à une réunion de leurs chefs. J'en fus heureux, parce que je savais que nous ne pourrions rien obtenir des Anglais si nous ne nous rallions pas tous à la même enseigne. Il n'existe pas de différence raciale entre hindous et musulmans d'une même région : l'œil ne pourra jamais les distinguer car le même sang coule dans leurs veines et ils s'habillent de la même façon. Les Indiens musulmans sont en majeure partie des descendants d'hindous qui se convertirent à l'islam pendant les siècles du règne moghol.

Au cours de cette réunion, j'exprimai mes idées sur le moyen de s'opposer au gouvernement anglais : nous devions simplement cesser de collaborer avec lui, boycotter les tribunaux britanniques, les écoles où on enseignait l'anglais (et fonder des écoles nationales), les organes gouvernementaux qui prévoyaient la participation des Indiens, mais dans des rôles subalternes, et, enfin, refuser la consommation des tissus étrangers (en majorité anglais). À la fin de 1920, le Congrès approuva le programme de non-coopération, et je le préconisai à travers des articles de journaux et de revues. L'imprimé joua également un rôle essentiel pour la diffusion du credo *satyagraha*. Les événements d'avril 1919 m'avaient fait comprendre que j'avais commis une erreur himalayenne dans mon empressement excessif à amener à l'*hartal* les masses indiennes, encore trop indisciplinées. Il fallait former un corps de volontaires au cœur pur, conscients des règles sévères du *satyagraha*, et capables de les expliquer aux foules qui ne savaient pas lire, et de les faire respecter.

Le programme de non-coopération enthousiasma le peuple qui, au cours de mes voyages, commença à m'appeler, comme le faisait déjà Tagore, *Mahatma*, « Grande âme ». Ce culte de masse m'a toujours mis mal à l'aise, mais je ne m'y suis jamais soustrait car il servait à cimenter l'union et à renforcer la lutte.

L'année 1921 marqua le réveil de l'Inde. Je répétai sans cesse que ce n'étaient pas les canons anglais qui nous maintenaient en esclavage, mais nos propres défauts et les gens se mirent à ne plus craindre les dominateurs. D'énormes piles de tissus étrangers brûlaient dans tous les coins de l'Inde, malgré la répression policière. Mais le 4 février 1922, je fus contraint de suspendre partout la désobéissance civile à la suite du massacre de vingt-deux policiers à Chauri Chaura. Je ne pouvais en aucun cas conduire une lutte violente : je devais recommencer depuis le début.

Mais trois jours avant le massacre, j'avais écrit une lettre ouverte au vice-roi pour lui annoncer mon intention d'ouvrir une campagne de désobéissance civile s'il ne libérait pas les prisonniers politiques. Sur la foi de cette lettre, je fus arrêté le soir du 10 mars à l'*ashram* de Sabarmati. Lors du procès, huit jours plus tard, je plaidai coupable après avoir expliqué les motifs de mes actions de lutte. Je fus condamné à six ans de prison. Dix ans après, je retournais pour une période de repos dans un des « hôtels » de Sa Majesté !

Je fus libéré pour raisons de santé deux ans plus tard et c'est avec douleur que je constatai qu'entre-temps le Congrès s'était profondément divisé sur le programme de non-coopération et que l'unité hindo-musulmane s'était effritée. Le secret, la crainte, et malheureusement la violence sanguinaire des plus fanatiques avaient fait réapparition entre les deux communautés. Je cherchai à apaiser mon angoisse par un jeûne de vingt-et-un jours, mais je me rendis compte à la fin de l'année qu'à l'exception du boycott des tissus, le programme devait être suspendu parce qu'il n'était pas réalisable.

Une fois cette décision prise, j'abandonnai mon activité politique et je me consacrai au devoir de construire la nation à partir du bas, en utilisant la force de la parole et de l'exemple. Je passai deux ans, en 1925 et en 1927, à parcourir le pays de long en large par tous les moyens – à pied, en train, en char à bœufs – pour arriver dans les villages les plus isolés. J'invitai le peuple à se libérer de maux séculaires, comme le mariage entre enfants et les préjugés de caste, et à se consacrer au filage comme remède à la pauvreté. En revanche, 1926 fut l'« année du silence » et je restai à l'*ashram* de Sabarmati.

D'énormes piles de tissus étrangers commencèrent à brûler dans toute l'Inde à partir de 1921. C'était une façon non violente mais spectaculaire de s'opposer à la colonisation britannique qui imposait aux Indiens ses choix économiques. Gandhi rêvait, pour l'Inde indépendante, d'un drapeau portant au centre le symbole de la libération indienne : le rouet, instrument fondamental de l'autosuffisance.

LA « MARCHE DU SEL »

Parcourir un peu plus de quinze kilomètres à l'heure, presque sans bagage, pendant vingt-quatre jours : c'était au fond un véritable jeu d'enfant, pour quelqu'un comme moi, qui était habitué à faire tous les jours des kilomètres de promenade à grands pas ! La « marche du sel » est un souvenir joyeux, parce qu'il marqua un des moments les plus intenses du *satyagraha*. C'était en mars 1930. J'étais revenu depuis deux ans à l'activité politique.

En décembre 1928, la session annuelle du Congrès avait fait savoir au gouvernement anglais que si de là à la fin de l'année suivante la condition de *dominion*, c'est-à-dire de colonie autonome, n'était pas accordée à l'Inde, le parti demanderait l'indépendance totale et entrerait en lutte. Le 31 octobre 1929, le vice-roi, Lord Irwin, fit une déclaration qui pouvait laisser entendre que le gouvernement anglais allait reconnaître l'Inde comme dominion. Mais le 23 décembre, quand je me

Même pendant les périodes d'activité politique intense, Gandhi ne renonça jamais à son style de vie. À l'occasion de ses rencontres avec le vice-roi à Delhi, en février 1931, il arrivait tous les jours au palais du dignitaire à pied, seul, après avoir parcouru un long chemin. Son habillement de « fakir à demi-nu », comme le définissait Winston Churchill, impressionna les observateurs occidentaux, et fit scandale parmi les Anglais les plus conservateurs.

rendis chez lui avec d'autres chefs du Congrès pour une entrevue, à Delhi, il ne sut rien dire de précis et la rencontre fut un échec.

Une semaine plus tard, le Congrès approuvait à l'unanimité la résolution de l'indépendance et, sur ma demande, élisait comme président, ayant moi-même refusé cette charge, Jawaharlal Nehru, un homme sincère et pur que j'aime comme un fils et que je considère comme mon successeur, même si nos idées ne coïncident pas toujours. Je me mis à penser jour et nuit à la façon de reprendre la lutte efficacement ; les temps me semblaient plus favorables que huit ans plus tôt.

Je décidai de commencer par la violation des lois sur le sel, qui interdisaient aux personnes privées d'en extraire, réservant la production au seul gouvernement et grevant cette matière première d'une taxe qui lésait les plus pauvres.

Le 12 mars 1930, j'avais quitté l'*ashram* de Sabarmati avec environ quatre-vingts disciples, hommes et femmes, de tous âges, en direction de la mer d'Oman. Le soir du 5 avril, quand nous arrivâmes, nous étions des milliers. Le lendemain, je violai symboliquement les lois en ramassant une poignée de sel sur les dépôts naturels du rivage.

En quelques jours, toutes les immenses plages de l'Inde fourmillaient de gens qui recueillaient du sel. La police intervint et arrêta 60 000 personnes dans tout le pays. Mon arrestation, le 5 mai, aggrava encore la désobéissance civile.

Je fus libéré sur ordre du vice-roi, en janvier 1931. Le 4 mars, après une série de rencontres à Delhi, nous parvînmes le vice-roi et moi, à un accord : le Congrès devait suspendre la désobéissance civile et le gouvernement, pour sa part, devait annuler les dispositions répressives et libérer les prisonniers. Le « pacte de Delhi », comme on l'appela, ne garantissait pas grand-chose aux Indiens, je le sais, mais j'avais voulu profiter de la disponibilité au dialogue de Lord Irwin, sur le point de quitter son poste, et laisser la porte ouverte aux Anglais.

À Simla, la capitale estivale, je rencontrai en juillet le nouveau vice-roi et je dus constater que nos points de vue divergeaient radicalement. Je m'étais déjà rendu, pour protester contre le régime de la terreur au Punjab, dans ce fragment d'Angleterre transporté au pied de l'Himalaya, où les Indiens servaient seulement de domestiques et de porteurs.

En septembre, je me rendis dans la véritable Angleterre. À Londres devait se tenir la seconde session de la conférence de la Table ronde, un organisme inspiré par le gouvernement anglais pour étudier une constitution pour l'Inde avec des Indiens, de préférence ceux qui étaient déjà de son côté ou qui pouvaient facilement l'être. J'étais en fait le seul représentant du Congrès, parti qui avait la plus grande audience parmi les Indiens. Les délégués des partis et des groupes sociaux minoritaires, craignant peut-être que le Congrès ne reconnaisse ou ne soutienne pas leurs exigences propres, s'allièrent contre moi, jouant le jeu des Anglais.

Quand je m'aperçus que les réunions étaient infructueuses et que l'on perdait du temps en discussions stériles, je me désintéressai de la conférence, qui du reste s'orientait irrémédiablement vers une conclusion insatisfaisante. Je me rendis ainsi pour trois jours dans le Lancashire afin d'y rencontrer les ouvriers du coton, ceux qui souffraient le plus de notre politique de boycott des tissus étrangers. Ils m'accueillirent avec courtoisie et avec une vraie affection et il me sembla qu'ils comprenaient nos raisons.

À Londres, j'avais choisi d'habiter l'« East End », parmi les pauvres de la ville. Je m'y trouvai très bien et je devins tout de suite le grand ami des enfants : pour mon anniversaire, ils m'offrirent deux chiens en tissu, trois petites bougies roses, un plat d'étain et un crayon bleu, cadeaux que je rapportai avec moi en Inde. Mes multiples amis anglais voulurent que je rencontre aussi des personnalités célèbres dans les domaines politique, religieux, scientifique et littéraire. Je connus aussi Charlie Chaplin dont, à vrai dire, je n'avais jamais entendu parler auparavant, et rencontrai à Buckingham Palace George V, roi d'Angleterre et empereur des Indes.

La conférence se termina fin novembre : je savais clairement maintenant que l'indépendance de l'Inde n'avait pas seulement pour adversaires les Anglais, mais aussi plusieurs Indiens. Beaucoup de gens souhaitaient que je prolonge mon séjour en Europe et que je me rende même en Amérique, mais les nouvelles arrivant d'Inde n'étaient pas rassurantes, et j'estimai que je devais rejoindre ma patrie. Sur le chemin du retour, je m'arrêtai quelques jours en Suisse pour un échange d'idées avec l'écrivain Romain Rolland, prix Nobel de littérature 1916. C'est à lui que je dois la diffusion de ma pensée en Europe. Je fis une autre halte à Rome où je visitai le Vatican ; je m'arrêtai une heure dans la Chapelle Sixtine, ému jusqu'aux larmes. Je n'obtins pas audience auprès de Pie XI, mais fus reçu par Mussolini ; au bout de dix minutes cependant, je me rendis compte qu'aucune conversation n'était possible entre nous et je pris congé.

Je débarquai à Bombay le 28 décembre. La situation était grave. Le pacte de Delhi s'était effrité et, pendant mon absence, le gouvernement avait institué la loi martiale dans de très vastes régions. Nehru avait été arrêté dans le train qui l'amenait à Bombay pour me retrouver. Le vice-roi ne voulut pas me recevoir et, le 3 janvier, j'annonçai la reprise de la désobéissance civile : le lendemain je retournai en prison.

Gandhi dit aux ouvriers des industries cotonnières du Lancashire, fermées à cause de la crise qu'il avait en partie provoquée : « Vous avez trois millions de chômeurs ; nous en avons presque trois cent millions. Votre allocation de chômage est, en moyenne, de soixante-dix shillings. La nôtre est de sept shillings et six pence. »

À CÔTÉ DES ENFANTS DE DIEU

Je dois reconnaître que le gouvernement anglais avait appris la leçon de la « marche du sel ». Il ne m'avait pas pris alors très au sérieux, du moins pendant les premières semaines. En revanche, début 1932, il agit rapidement ; il ne m'arrêta pas seulement avec mes collaborateurs les plus directs, mais aussi avec tous les représentants les plus en vue du Congrès avant l'organisation de la désobéissance civile. Il déclara illégal le parti, et ajouta à de nombreuses autres mesures répressives la limitation de la liberté de presse. Les mois passant, il était naturel que les masses, privées de guide, abandonnent peu à peu la lutte *satyagraha*.

Mais, même en prison, il était possible d'agir concrètement. En septembre, je décidai de cesser entièrement de m'alimenter pour protester contre l'intention du gouvernement d'établir des listes électorales séparées pour les intouchables. Le problème des *harijan* ou « enfants de Dieu » (c'est ainsi que je décidai désormais d'appeler les intouchables ou hors-caste) a toujours été une des épines les plus douloureuses. Je trouve que le système hindou des castes héréditaires a un certain mérite : elle situe l'individu dès sa naissance dans une position sociale bien précise à laquelle correspondra un travail bien défini. Mais cela ne signifie pas que j'accepte les hiérarchies et les contraintes de caste. En 1888, la sous-caste à laquelle j'appartenais, celle des marchands *modh bania*, décida de m'exclure parce que j'avais l'intention d'aller en Angleterre malgré l'interdiction de la majorité de ses membres. Ma conviction que tous les êtres humains ont les mêmes droits et les mêmes devoirs est totale. En raison de cela, il m'est insupportable que des dizaines de millions d'Indiens soient considérés comme des créatures immondes à ne pas effleurer pour ne pas être contaminé. Dans tous les meetings, j'ai soutenu que l'Inde ne mérite pas d'être libre tant qu'elle ne sera pas capable d'évincer cette honte. Une fois, je m'aperçus que la foule venue m'écouter avait isolé les intouchables en les entourant de cordes ; je cessai de parler, descendis de l'estrade, rejoignis ces frères si injustement traités, et, me tenant parmi eux, poursuivis mon discours. J'ai pu voir chez mes collaborateurs et chez ma femme même combien certains préjugés sont difficiles à éliminer.

Je jeûnai seize jours, jusqu'à parvenir à un accord avec le gouvernement : tous les hindous voteraient par listes conjointes, mais les dix-huit pour cent des sièges seraient, en tout état de cause, attribués aux enfants de Dieu. Cette victoire n'était qu'un début. Je fondai en prison l'hebdomadaire *Harijan* ; je décrivais dans mes articles les incroyables souffrances de ces frères, que j'avais pu constater personnellement au cours de mes voyages. Je me rendis compte, par la réaction des lecteurs, que les préjugés étaient encore plus ancrés que je ne le pensais. J'étais angoissé. Je repris le jeûne le 8 mai 1933 et je fus immédiatement libéré, de crainte que je ne meure en prison, puis de nouveau arrêté et condamné à un an de prison, et libéré encore à la suite d'un jeûne, jusqu'à ce que je décide de me soustraire à ce jeu du chat et de la souris : j'annonçai la suspension de la désobéissance civile pendant une période égale à la peine que je devais purger. Pendant ce temps, la direction du Congrès confiée à Nehru, j'allais me consa-

Temple hindou. En plusieurs occasions, Gandhi reprocha aux prêtres le manque de soin dans lequel ils tenaient les édifices sacrés de l'hindouisme, surtout pour ce qui était des enceintes et des espaces destinés aux pèlerins. Il combattit l'interdiction d'entrer qui frappait les intouchables, par un de ses plus longs jeûnes.

Quartier d'intouchables à la lisière d'une grande ville. Les travaux les plus humbles et les plus rébarbatifs étaient réservés aux intouchables : nettoyer les rues, vider les latrines, s'occuper des cadavres. Selon la croyance hindoue en la réincarnation, les intouchables expient par l'isolement social les fautes commises au cours de vies précédentes en tant que membres d'une des quatre castes fondamentales : prêtres (Brahmana), *guerriers* (Kshatriya), *marchands et agriculteurs* (Vaishya), *et serviteurs* (Shudra). *En fait, il existe des milliers de sous-castes, souvent liées à des situations locales. Le système des castes a été aboli légalement en 1947, mais il survit en pratique dans le comportement effectif de beaucoup d'Indiens.*

crer à un voyage dans tout le pays pour y faire connaître la cause des enfants de Dieu.

Je voyageai pendant des mois, sans jamais m'arrêter plus d'une nuit dans le même endroit : je voulais toucher le plus grand nombre de cœurs possible. Je parcourus vingt mille kilomètres et je parvins jusqu'aux recoins inexplorés de l'Inde. Je déviai de cet itinéraire en 1934 pour accourir dans le Bihar bouleversé par un terrible tremblement de terre ; cet événement m'apparut comme la punition divine du péché commis envers les intouchables. Je sais que cette affirmation m'a valu beaucoup de critiques, mais aujourd'hui encore, quand je repense à tout ce que j'avais vu et ressenti, je retrouve cette sensation éprouvée par mon âme : la cruauté des hindous vis-à-vis des enfants de Dieu, leurs frères, me paraissait immense.

Le voyage se termina en août 1934. J'avais réussi, j'en suis sûr, à réveiller beaucoup de consciences : les fonds recueillis en témoignaient. Pendant ce temps, étant donnée ma décision de suspendre la désobéissance civile, le gouvernement avait retiré les décrets contre le Congrès et ses membres. Mais je n'avais pas envie de reprendre l'activité politique ; quelque chose s'était gâté dans mes rapports avec le Congrès. Il me semblait que mes disciples subissaient mes méthodes et mes idées, plutôt qu'ils ne les partageaient, surtout sur un point crucial pour moi, la non-violence. Je me retirai du Congrès en octobre. Je consacrai les années suivantes à Sevagram et à l'économie de village.

VERS L'INDÉPENDANCE

À mesure que les souvenirs se rapprochent du moment présent, il me semble que le fil de ma vie s'accélère. Les événements et les visages se poursuivent, se superposent, et se fondent les uns dans les autres...

À côté des mots du vice-roi rapportés par la *Gazette de l'Inde* et qui annonçaient le 3 septembre 1939 l'entrée en guerre de 400 millions d'Indiens, je vois ceux des articles de Jinnah, le chef de la Ligue musulmane. Au même moment, celui-ci se déclarait alarmé à l'idée de l'indépendance de l'Inde qui, selon lui, aurait certainement signifié l'oppression de la minorité musulmane par les hindous. Quelques mois plus tard, il exposa la théorie des deux nations, l'une peuplée de musulmans, l'autre d'hindous, une hypothèse qui me creva le cœur.

J'entends à nouveau mes propres déclarations au Congrès après la proclamation de la guerre. Je confirmais que je ne voulais pas soutenir la guerre des Anglais mais que je ne voulais pas non plus frapper dans le dos le gouvernement britannique avec la reprise de la désobéissance civile : « Je ne veux pas que l'Angleterre soit vaincue ou humiliée. Je suis peiné de savoir que la cathédrale Saint-Paul est endommagée, autant que je le serais de savoir qu'on a endommagé le plus sacré des temples hindous et la plus sacrée des mosquées. Je voudrais défendre le temple, la mosquée et la cathédrale Saint-Paul au prix de ma vie, mais je ne ferais pas mourir une seule personne pour les défendre. Là réside la différence fondamentale entre le peuple anglais et moi, et malgré cela ma sympathie va vers lui. Non pas parce que j'aime la nation anglaise et que je hais l'allemande : je ne pense pas que les Allemands, en tant que peuple, soient pires que les Anglais ou que les Italiens. Nous sommes tous faits de la même pâte, nous sommes tous membres de la vaste famille des hommes. J'évite de faire quelque distinction que ce soit, et je ne reconnais aucune supériorité aux Indiens. Nous avons les mêmes qualités et les mêmes défauts. L'humanité n'est pas divisée en compartiments étanches, et je ne peux préserver l'Inde et sa liberté que si je suis bien disposé envers toute la famille des hommes... Nous voulons la liberté de notre pays, mais pas au prix du sacrifice ou de l'exploitation des autres. La liberté de l'Inde ne m'intéresse pas si elle doit signifier la ruine de l'Angleterre ou la disparition des Anglais. Je veux la liberté de mon pays pour que d'autres pays puissent apprendre quelque chose de mon pays libre, pour que les ressources de mon pays puissent être utilisées au bénéfice de l'humanité. »

À mes paroles répondent celles de Nehru qui, craignant la menace japonaise, aurait voulu collaborer avec les Anglais en échange de notre indépendance.

Début 1947, Gandhi entreprit un pèlerinage à pied à travers les marécages du Bengale méridional, dans les villages du district de Noakhali, dévastés par le fanatisme religieux. La majorité musulmane avait sauvagement attaqué les hindous, qui avaient ensuite réagi avec la même férocité. En juillet, Gandhi se rendit au Punjab avec Nehru pour rencontrer les premiers réfugiés hindous et sikhs en provenance de la zone qui allait devenir le Pakistan.

Maintenant s'avancent les images des campagnes *satyagraha* de 1940-1941, après mon retour à la tête du Congrès. Voilà qu'apparaît le visage de Sir Stafford Cripps, qui fut envoyé par le Premier ministre Winston Churchill au printemps 1942 pour nous offrir une participation immédiate au gouvernement de l'Inde ainsi que la promesse d'un statut de dominion à la fin de la guerre, en échange d'un appui total de notre part à l'engagement de l'Angleterre dans le conflit. Mais cette ébauche d'accord prévoyait aussi que les principautés et les minorités religieuses auraient pu signer un accord séparé avec les Anglais, ce qui aurait signifié le démembrement permanent de l'Inde. Le comité d'action du Congrès rejeta la proposition.

Je repense aux désordres de l'été 1942 et je revois la réunion du Congrès à Bombay, le 8 août, quand fut approuvée la résolution « Quittez l'Inde » qui réclamait l'indépendance immédiate ; et, quelques heures après, mon arrestation et mon incarcération dans le palais de l'Agha Khan transformé en prison secrète...

Deux visages chers me troublent : celui de mon ami Mahadev Desai, mon très précieux secrétaire pendant vingt ans, mort une semaine après cet événement, et celui de ma femme Kasturbai, dans ce même palais-prison, morte dans mes bras le 22 février 1944. Elle avait été une vraie épouse hindoue, dévouée à son mari jusqu'au sacrifice total, et je pense maintenant combien je l'ai fait souffrir pendant nos premières années de mariage, combien je la tourmentai avec ma jalousie impossible. Je compris après que la femme doit être une compagne égale à l'homme, une créature douée de sa propre autonomie. Elle ne m'avait pas suivi sur mon chemin intellectuel et moral, mais elle avait toujours accepté et secondé mes choix, partageant les arrestations et la prison. Elle aurait peut-être souhaité une vie plus normale, pour elle mais aussi pour nos enfants...

Ma mémoire court encore plus vite à présent : la maladie qui me frappa après la mort de Kasturbai, ma libération deux mois plus tard, les entrevues avec Jinnah, en septembre, pour lui faire reporter à l'après-indépendance tout plan de partage. Et puis voici les événements tumultueux et tragiques de la dernière année : le changement de la politique anglaise en faveur de l'indépendance ; la constatation qu'il n'y avait pas, entre hindous et musulmans, d'accord en dehors de la partition, avec la création d'un état musulman indépendant, le Pakistan ; les affrontements cruels et atroces entre les deux communautés, avec des milliers de morts de chaque côté ; l'arrivée, il y a cinq mois, du dernier vice-roi anglais, Lord Mountbatten, chargé par le gouvernement anglais de procéder à la passation des pouvoirs à l'Inde libre en 1948 ; sa volonté, étant donnés les massacres du Punjab (destiné à être partagé entre l'Inde nouvelle et le Pakistan), d'anticiper la date de l'indépendance ; et maintenant...

Maintenant il est minuit et l'Inde est libre, mais je crois que j'aurai encore beaucoup à faire : il y a trop de blessures ouvertes... Mais pour l'instant, il est temps de dormir, pour moi aussi. À trois heures et demie, comme d'habitude, je me lèverai pour recommencer.

Gandhi arriva à Calcutta le soir du 13 août 1947 et logea dans une maison abandonnée depuis longtemps, avec le chef local des musulmans. En agissant ainsi, il comptait calmer les cœurs des hindous et des musulmans, qui avaient commencé à s'entre-tuer à Calcutta, un an plus tôt. Il ne se trompa point : grâce à sa présence, la ville indienne la plus turbulente put fêter l'indépendance dans une atmosphère de paix retrouvée ; des feux d'artifice, et non pas la réverbération des incendies, saluèrent minuit, le 14 août.

SANS HÉRITIERS ?

À minuit, le 14 août 1947, tandis que Gandhi se reposait dans un des quartiers les plus misérables de Calcutta, deux nouveaux états indépendants naissaient, l'Union indienne et le Pakistan (divisé géographiquement en Pakistan occidental et Pakistan oriental). C'était la fin de l'Empire britannique.

En 1889, Rudyard Kipling, l'écrivain qui avait le plus exalté dans son œuvre de poète et de romancier les fastes de l'empire, avait affirmé que l'Inde était un fardeau « posé sur les épaules de la race anglaise par un dessein impénétrable de la Providence ». Pour lui, il n'y avait pas de doute : l'Angleterre, grâce à sa supériorité raciale, gouvernerait pour toujours l'Inde, pour le bien même des Indiens, incapables de penser seuls à leur avenir à cause des divisions politiques et religieuses qui fragmentaient le pays. Pourtant les Anglais aimaient l'Inde ; mais ils l'aimaient à travers l'image fausse qu'ils s'en étaient faite : une sorte de paradis terrestre dont il fallait profiter et qu'il fallait exploiter là où on pouvait s'enrichir. Ils avaient totalement ignoré la culture et les traditions indiennes, extrêmement anciennes et bien enracinées, et c'est pourquoi ils n'avaient pas compris qu'il fallait tirer parti de ces ressources cachées. Puis était arrivé Gandhi qui, justement, à travers cette culture, avait déterminé sa méthode personnelle de lutte non violente. Face aux disciples du Mahatma qui se laissaient battre à coups de bâtons ferrés sans la moindre réaction, les Anglais étaient restés perplexes et incrédules (sinon absolument méprisants, comme Winston Churchill), et surtout incapables de trouver à cela une réponse originale ; à la fin, ils durent plier devant la force des événements.

Une fois l'indépendance proclamée, les fonctionnaires et les soldats britanniques quittèrent donc l'Inde, après la répartition équitable de tous les biens gouvernementaux entre les nouveaux états. Pendant ce temps, à pied, ou à bord de convois ferroviaires, les sikhs et les hindous du Punjab et du Bengale oriental (devenu le Pakistan oriental) rejoignaient l'Union indienne, et les musulmans, surtout ceux de l'Inde du Nord, rejoignaient le Pakistan occidental. D'horribles massacres anéantirent des colonnes entières de réfugiés ; selon les calculs officiels, un demi-million de personnes au moins furent tuées au nom de la vieille haine entre hindous et musulmans.

À Calcutta, Gandhi réalisa le miracle de la paix jusqu'à la fin du mois d'août, puis réagit à la reprise des désordres sanglants en s'imposant un jeûne très rigoureux. Il rétablit une fois encore le calme, en réussissant à se faire consigner toutes les armes. Il voulait se rendre au Punjab, mais de nouveaux et graves tumultes survenus à Delhi l'amenèrent dans la capitale, et il devait rester là. Décidé à reprendre le dialogue avec ceux qu'il considérait toujours comme ses frères musulmans, fils de la mère Inde qui l'avait engendré lui-même, il envisagea un voyage au Pakistan. Il commença son dernier jeûne le 13 janvier 1948 pour solliciter du nouveau gouvernement indien le paiement d'une grosse somme qu'il devait au Pakistan. Il recouvrait à peine ses forces après cette période de privation et apparaissait de nouveau en public le soir même quand, le 30 janvier 1948, il fut assassiné par un extrémiste qui le tua de trois coups de pistolet. Gandhi eut le temps de murmurer : *He Ram* ! « Ô Rama ! » L'assassin était membre d'un complot dont les instigateurs reprochaient à Gandhi ce qu'il n'avait justement pas voulu : la division du pays.

Que reste-t-il de l'enseignement de Gandhi, en Inde et dans le monde entier ?

L'Inde nouvelle, qui le considère comme le père de la patrie, a parcouru depuis sa mort le chemin de l'industrialisation comme unique remède à la pauvreté. Le rêve gandhien des centaines de milliers de villages capables de pourvoir seuls aux besoins de leurs habitants, est resté à l'état de chimère. Quant à la non-violence... Les assassins de Gandhi furent condamnés à mort, l'Inde et le Pakistan se sont plusieurs fois affrontés par les armes et, en 1974, dans le désert du Rajasthan, l'Inde a fait exploser sa première bombe atomique. Après de longues années de paix religieuse retrouvée, les divergences séculaires entre hindous et musulmans se sont réveillées violemment. Le problème des castes freine encore le libre développement de la société et des consciences, les anciens préjugés sont encore largement répandus. Pourtant le lieu où Gandhi fut incinéré est toujours recouvert de fleurs, comme si les Indiens savaient au fond d'eux-mêmes qu'il avait raison.

Pour étrange que cela puisse paraître, et malgré de nombreuses contradictions, c'est dans la société occi-

dentale que le message de Gandhi fait toujours des adeptes. Son image est familière à ceux pour qui l'environnement et la paix internationale restent des problèmes essentiels. L'industrialisation poussée au paroxysme avec les dommages qu'elle a provoqués, pousse les plus sensibles à freiner la consommation superflue, à mieux utiliser les ressources en éliminant le gaspillage. Et puis, les carnages de la Deuxième Guerre mondiale semblent avoir préservé les masses de l'idée que la guerre est l'unique moyen de résoudre les différends entre nations. Les techniques gandhiennes de désobéissance civile ont été employées, entre autres, par la population noire des États-Unis lors des luttes dirigées par Martin Luther King dans les années soixante, pour faire valoir leurs droits civiques.

Voici les « sept péchés sociaux » contre lesquels Gandhi invitait tout le monde à s'insurger : « Politique sans principes, richesse sans travail, plaisir sans conscience, connaissance sans caractère, commerce sans moralité, science sans humanité, foi sans sacrifice. » Pouvons-nous les considérer aujourd'hui comme dépassés ?

Gandhi fut assassiné à l'heure de la prière du soir, moment qu'il consacrait depuis des années à quiconque voulait l'approcher. Au crépuscule, il se montrait en public et récitait avec la foule des prières et des textes sacrés de toutes les religions.

LIEUX ET PERSONNAGES

Cette carte montre la situation de l'Inde avant le 15 août 1947. Jusqu'à la Deuxième Guerre mondiale, l'empire des Indes comprenait également la Birmanie.

L'Inde avait été conquise par les Anglais grâce à la puissance du commerce plus que par la force des armes. Les premiers marchands anglais de la Compagnie des Indes orientales arrivèrent en Inde au début du XVIIe siècle, trouvèrent là de formidables occasions de faire des profits et fondèrent de nombreux établissements commerciaux. Le pays se trouvait sous la domination de l'Empire moghol, gouverné par des souverains musulmans de souche turco-afghane, et traversait une période de prospérité. À partir de la seconde moitié du XVIIe siècle, la décadence de l'Empire moghol provoqua la naissance d'une myriade d'États et la Compagnie des Indes, aidée par de petits contingents militaires anglais, sut exploiter habilement la situation et réussit à s'emparer de territoires encore plus vastes. La sculpture de bois naïve en haut montre bien l'hostilité des Indiens dans leurs affrontements avec la Compagnie : un tigre happe avec ses crocs un fonctionnaire anglais. La domination de la Compagnie dura jusqu'en 1857, quand eut lieu la violente « révolte des cipayes », les soldats indigènes. En 1858, l'Inde passait sous le contrôle direct de la couronne d'Angleterre et, en 1876, quand la reine Victoria fut couronnée impératrice des Indes, elle devint une colonie britannique.

Ci-contre : Gandhi, à seize ans, avec son frère Lakshmidas.
À droite : Gandhi et sa femme en Afrique du Sud, en 1913.

Gandhi à Londres, en automne 1931, pendant les travaux de la conférence de la Table ronde. Gandhi rencontra aussi le roi et remarqua plein de bonhomie, que George V portait suffisamment de vêtements pour eux deux.

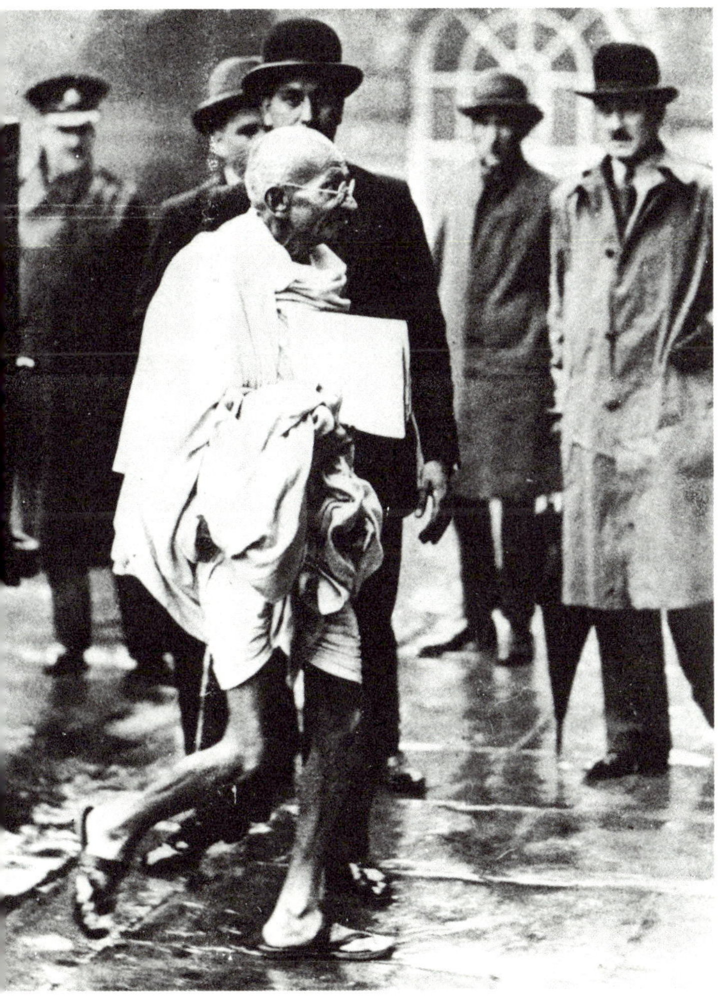

Une séance de la conférence de la Table ronde. Gandhi n'attendait pas beaucoup des Anglais, mais il fut amèrement déçu par l'attitude de ses compatriotes. Les délégués des minorités (y compris les intouchables) semblaient ne s'intéresser qu'à leurs problèmes spécifiques, tandis que les princes étaient plus ou moins ouvertement du côté du gouvernement anglais, qui garantissait leurs privilèges.

Dans la presse satirique anglaise, on voyait Gandhi occupé à filer à la main, tout à fait indifférent aux lions (le lion est le symbole du gouvernement britannique) qui l'entouraient. Gandhi s'était imposé de filer une certaine quantité de coton chaque jour, et il en attendait de même de ses disciples. Pendant les années au cours desquelles il fut à la tête du Congrès, les assemblées du parti étaient accompagnées par le bruit de fond rythmé de dizaines de rouets en mouvement.

Gandhi en compagnie de Jawaharlal Nehru. Gandhi avait déjà fasciné le père de Nehru, Motilal qui, pour se consacrer aux luttes du Mahatma, abandonna sa très brillante carrière d'avocat. Gandhi reconnut dans le très jeune Jawaharlal les dons d'un habile politicien et lui resta toujours attaché, même quand leurs positions sur la façon de diriger le Congrès vers l'indépendance divergèrent.

Gandhi et Jinnah, chef de la Ligue musulmane, dans un rare moment de sérénité, probablement dû à Gandhi, qui aimait plaisanter et avait le sens de l'humour. Jinnah, toujours impeccable dans sa tenue européenne (qu'il abandonna seulement au moment de la naissance du Pakistan), était en revanche un homme glacial. Il fut emporté par la tuberculose le 11 septembre 1948.

La voix de Gandhi était faible et fluette et, pendant ses discours publics, seuls ceux qui étaient près de lui parvenaient à le comprendre distinctement. Un de ses proches collaborateurs, Vallabhai Patel, introduisit pendant les réunions les plus suivies, l'usage de microphones et de haut-parleurs.

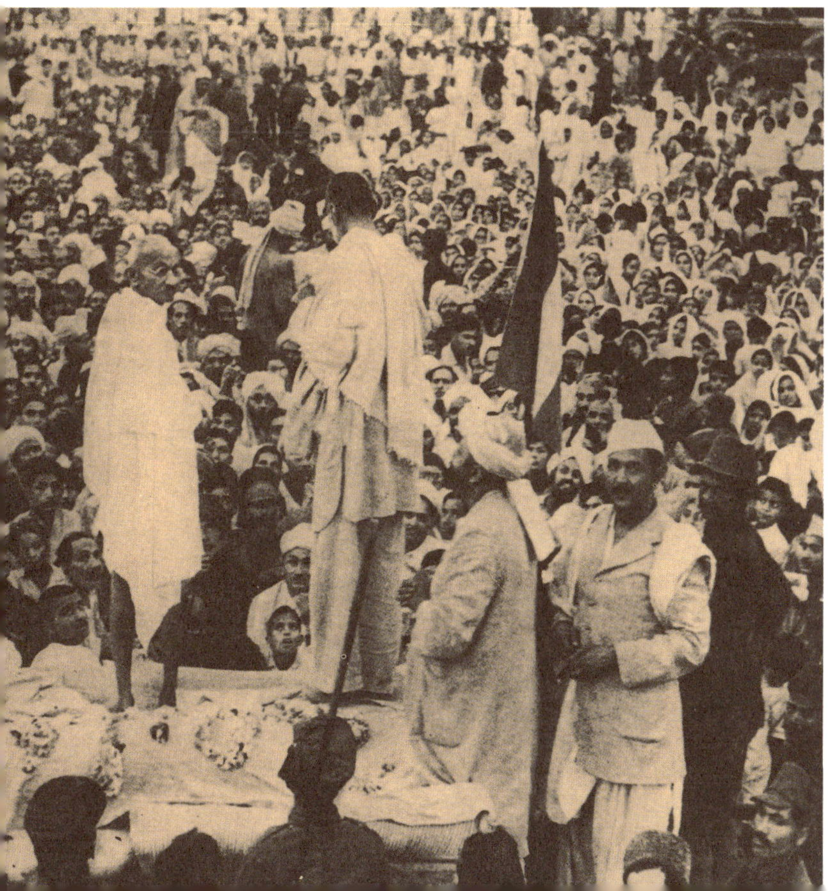

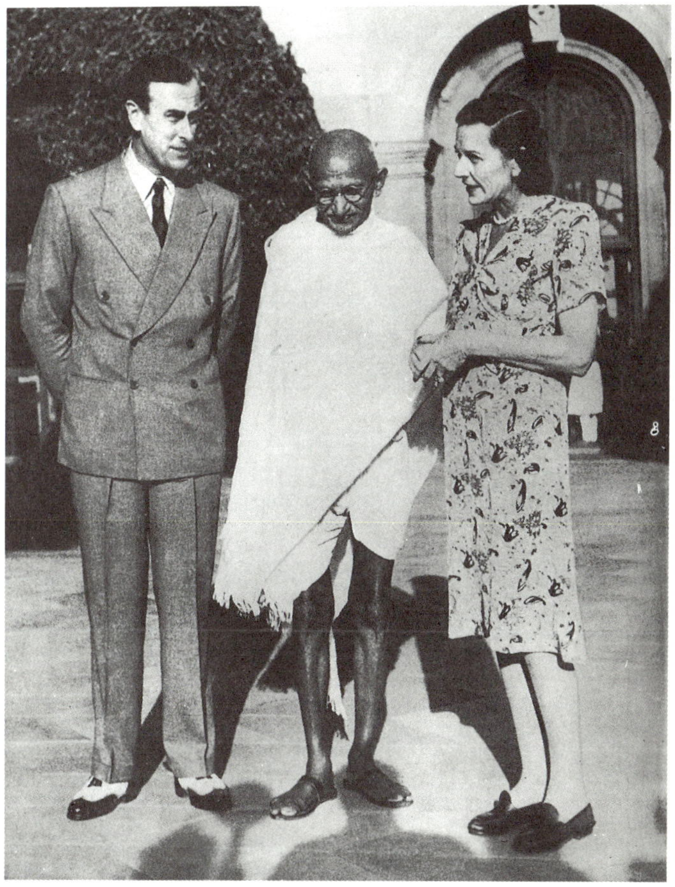

Gandhi entre Lord Mountbatten et sa femme Edwina. Le couple réussit à se faire aimer des Indiens et resta dans le pays jusqu'en juin 1948. Au cours de la terrible période qui suivit la proclamation de l'Indépendance, Lord Mountbatten devint le premier gouverneur général de l'Inde indépendante et organisa, en cette qualité, le déplacement des réfugiés, tandis que sa femme se consacrait à leur prêter assistance.

TABLE